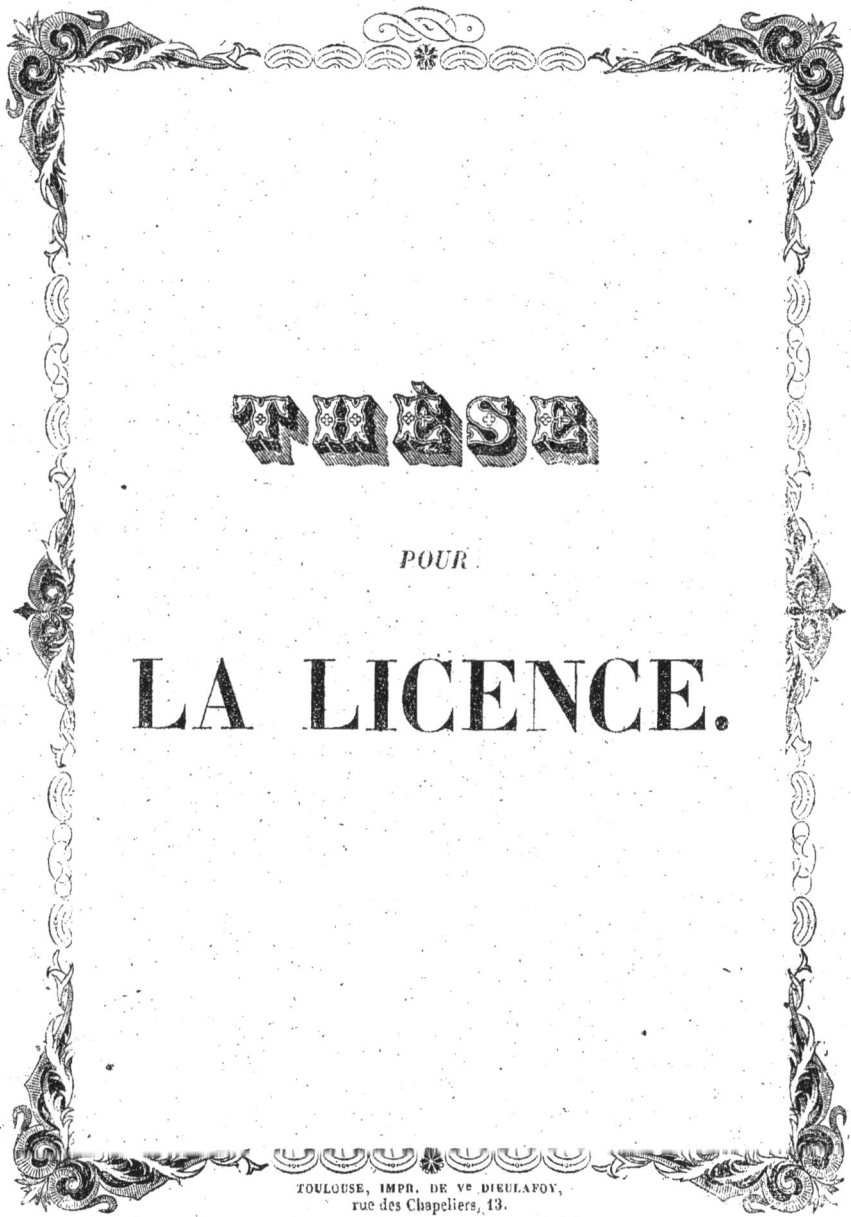

THÈSE

POUR

LA LICENCE.

TOULOUSE, IMPR. DE Ve DIEULAFOY,
rue des Chapeliers, 13.

A la mémoire de ma Mère !!!

A MON GRAND-PÈRE.

A mon Père.

1847

FACULTÉ DE DROIT DE TOULOUSE.

ACTE PUBLIC

POUR LA LICENCE

En exécution de l'art. 4, tit. 2, de la loi du 22 Ventôse an XII,

soutenu par

M. Carrière (Jacques-Austin-Alphonse),

NÉ A NIMES (GARD.)

Jus Romanum.

INST., JUST., LIB. II., TIT. VII.

De donationibus.

Donatio olim non fuit modus singularis rerum acquirendi; non aliud enim perficiebatur quam stipulatione aut mancipatione aut traditione; sed a Constantino imperatore modus privatus acquirendi fuit et certis modis subjectus, qui a Justiniano imperatore perfecti fuerunt.

Donatio definiri potest mera liberalitas nullo jure cogente facta. Donationum autem multa sunt genera inter vivos, mortis causa, propter nuptias.

§ 1.

De donationibus inter vivos.

Donatio inter vivos dicitur, illa qua dat aliquis ea mente ut rem velit statim accipientis fieri et nullo casu ad se reverti.

Donatio inter vivos non fit, nisi consentiente donatore, et acceptante donatario, et antequam duplex ille consensus præstitus fuerit, imperfecta est donatio; requiritur autem donatarii acceptatio sive quia non confertur beneficium in invitum, sive quia sœpe donatio gravissima onera continet.

Hæc donatio est irrevocabilis; attamen revocatio potest fieri propter ingratitudinem donatarii; si donationi conditiones appositas implere noluerit, denique propter liberorum supervenientiam.

Dominium rei donatæ ad donatarium non transfertur nisi accedente traditione. Donatio inter vivos nullam confectionis solemnitatem desiderat: potest igitur sive in scriptis, sive sine instrumento scripto celebrari: quo ultimo casu per duos testes idoneos probabitur.

Hæc donatio generaliter debet insinuari si quingentos solidos excedat.

Insinuatio donationis est in actibus publicis relatio.

§ II.

De donationibus mortis causâ.

Donatio mortis causâ dicitur quæ fit ob mortis suspicionem.

Hæc donatio potest fieri seu, nullo mortis periculo præsente, sed sola obitus cogitatione, ita ut post mortem donantis suum eflectum habeat ; seu periculo mortis imminente, ita ut res non statim fiat accipientis, sed tantum cum mors insecuta fuerit ; seu adhuc periculo mortis imminente ut res quidem statim in potestatem accipientis transeat sed restituatur si donator periculum mortis evadat.

In donatione mortis causâ, donator donatarium præfert quidem hæredibus suis sed semetipsum ei anteponit ; vero in donatione inter vivos donator et hæredibus et sibi ipsi eum præfert.

Hæc donatio ad libitum et mero donatoris arbitriæ revocari potest. Caduca fit liberalitas, si donatarius vivo donatore decedat, adhuc caduca fit si qui donavit supervixerit.

Donatio mortis causâ fit præsente et accipiente donatario, aut si absens sit, eo postea acceptante.

Fit in scriptis aut sine scriptis, sed in utroque casu coram quinque testibus celebrari debet.

Instinuari non jubetur.

Differt a donatione inter vivos in eo quod, mortuo donatore, rei donatæ dominium statim et absque ulla traditione in donatarium transfertur.

Donatio mortis causâ valde a legato distat.

Legatum in testamentis aut in codicillis inseri solet ; hæc donatio autem est actus specialis, forma propria indutus : legatum absenti et ignoranti relinqui potest, donatio vero scienti tantum et acceptanti.

Sed quoad effectus, multæ dispositiones adæquantur. Enim iisdem modis utraque revocatur aut fit caduca, utraque fideicomisso gravari non prohibetur et quinque testes desiderat. Præterea quicumque legare potest seu testamentum condere, potest etiam donare mortis causa, sive testamentum fecerit nec ne.

§ III.

De donatione propter nuptias.

Donatio propter [nuptias dicitur quâ maritus invicem aliquid uxori dat in securitatem dotis.

Olim vocabatur donatio ante nuptias, quia cum inter conjuges nulla valeat liberalitas, post celebratum matrimonium fieri non poterat. Sed postea divo Justiniano placuit, quam dos augeri posset post nuptias, et donationem ante nuptias non solum augeri sed enim constitueri confecto matrimonio. Hæc igitur donatio ex eo tempore propter nuptias revocata fuit. Introducta fuit ut mulier dotem suam repetere posset in bona mariti et ut dos compensaretur.

Hæc liberalitas cum dote plerumque pari passu ambulat : utraque æqualis seu ejusdem summâ esse debet ; sicuti marito in dotem competit dominium civile, ita etiam uxori idem jus in rebus sic donatis tribuitur, naturali dominio apud virum remanente ; haud secus ac dos, solutis nuptiis, debet restitui ; eodem modo potest pactis nuptialibus uxor supervivens eam lucrari. Sed rerum ita donatarum administratio marito relinquitur, et ei pariter fructus cedunt ad ferenda onera matrimonii.

Droit Civil.

—

Théorie de la réserve et de la quotité disponible. (913 à 930.—843, 857.)

L'homme doit avoir la libre disposition de ses biens. A côté de ce droit incontestable, il y a, pour le père de famille, des obligations non moins certaines, obligations qui prennent leur source dans les affections les plus légitimes, et que la loi civile a dû sanctionner. Le législateur n'a pas voulu que celui qui a des ascendants ou des descendants, pût donner gratuitement toute sa fortune à un étranger, et méconnaître ainsi les devoirs que lui impose la nature. Il est donc une partie de ses biens dont il ne peut disposer gratuitement au préjudice de ses ascendants ou descendants. Cette portion s'appelle *réserve* ou bien encore *légitime*; ceux à qui elle est déférée sont appelés héritiers *à réserve* ou *légitimaires*. Dès le moment qu'il existe une réserve, il existe, par voie de suite, une *quotité disponible*. C'est la portion dont le père de famille garde le libre emploi ; les mots *réserve* et *quotité disponible*, sont deux expressions corrélatives qui s'expliquent l'une par l'autre.

Posons d'abord quelques principes généraux : l'ordre dans lequel les héritiers à réserve sont appelés, est le même que l'ordre successible, sauf une exception importante que nous allons signaler. Les ascendants ne sont appelés à la succession de leur descendant qu'à défaut d'enfant de celui-ci. Dans ce cas, la succession est dévolue dans chaque ligne aux ascendants les plus proches. Le droit de réserve repose sur les mêmes bases ; les ascendants n'ont de réserve sur les biens de leur descendant qu'à défaut d'enfants de celui-ci ; en second lieu, pour le droit à la réserve comme pour le droit à la succession, il y a partage entre les deux lignes représentées par les ascendants les plus proches. Mais à côté de ces analogies il y a, nous l'avons dit, une dissemblance radicale. Aux termes des articles 749, 750, 751, 752 combinés, les frères et sœurs du défunt et les descendants d'eux sont préférés pour la succession aux ascendants autres que les père et mère, et en concours avec ceux-ci ils prennent la moitié. Ainsi les ascendants autres que les père et mère sont totalement exclus de la succession par les frères, les sœurs et descendants d'eux. Et cependant, ceux-ci n'ont pas de réserve, tandis que la loi en accorde une à tous les ascendants. C'est là une anomalie qu'il est difficile d'expliquer. Les frères et sœurs n'ont donc pas de réserve ; il en est de même du conjoint survivant ; la seule faveur faite au conjoint est écrite dans l'art. 1094 qui étend la disponibilité vis-à-vis du conjoint.

Il n'y a donc que deux classes de réservataires : les descendants et les ascendants du défunt ; la présence des premiers exclut toujours les seconds.

De la portion disponible et de la réserve, quand il existe des enfants légitimes.

Aux termes de l'art. 913, les liberalités, soit par actes entre-vifs, soit par testament, ne peuvent excéder la moitié des biens du disposant, s'il laisse à son décès un enfant légitime, le tiers s'il en laisse deux, le quart s'il en laisse trois ou un plus grand nombre. Peu importe le nombre d'enfants que le testateur ou le donateur a eu pendant sa vie; on ne compte, pour fixer la quotité disponible, que ceux qu'il a eu à son décès. L'enfant mort civilement ne compte pas pour le règlement de la quotité disponible ; seulement, s'il a lui-même des enfants, ceux-ci le représentent, car dans le mot *enfants*, dont se sert l'art. 913, sont compris les descendants en quelque degré que ce soit. Néanmoins, les descendants au-dessous du premier degré, ne sont jamais comptés que pour l'enfant qu'ils représentent. (914).—Supposons plusieurs enfants héritiers réservataires; l'un d'eux, renonce à la succession; il comptera néanmoins pour déterminer la réserve. Mais la part du renonçant accroît-elle aux héritiers à réserve, frères du renonçant, ou bien aux légataires institués dans le testament? Elle accroîtra aux héritiers à réserve, car la loi détermine, d'après le nombre d'enfants laissés par le défunt, la quotité dont il pouvait disposer, et un héritier légitimaire ne saurait, par le fait de sa renonciation, modifier, restreindre cette quotité.—Supposons maintenant un seul héritier à réserve ; il renonce, il perd tout droit à la réserve, et par suite à la faculté de faire réduire les libéralités. Les collatéraux profiteront-ils de la réserve? Non, car ils n'ont pas qualité pour demander la réduction. Dans ce cas, les libéralités faites par le défunt, seront intégralement respectées. — L'enfant légitime et l'enfant adoptif font nombre pour la computation de la réserve.— Quant à l'absent, il faut, pour qu'il soit compté, que les autres enfants fournissent la preuve de son existence, au moment de l'ouverture de la succession. Mais les enfants de l'absent, s'il en existe, représentent leur père et comptent pour une tête.

De la réserve et de la portion disponible quand il existe des ascendants.

L'art. 915 dispose que les libéralités par actes entre-vifs ou par testament, ne peuvent excéder la moitié des biens, si, à défaut d'enfants, le défunt laisse un ou plusieurs ascendants dans chacune des lignes paternelles et maternelles, et les trois quarts s'il ne laisse d'ascendants que dans une ligne. Les biens réservés au profit des ascendants seront par eux recueillis dans l'ordre où la loi les appelle à succéder. L'admission à la réserve dépend du droit à la succession. Ainsi en concours avec des enfants ou descendants, les ascendants ne succèdent pas ; ils n'ont donc aucun droit à une réserve. Supposons maintenant qu'il existe des ascendants, et, en même temps, des frères ou sœurs, ou descendants d'eux : Si les ascendants sont les père et mère du défunt, ils ne perdront pas le droit à la réserve, par la présence des frères ou sœurs, puisque, en matière de succession, ils concourent ensemble ; mais si les ascendants sont autres que les père et mère, comme ils seraient exclus de la succession par les frères et sœurs ou descendants d'eux, de même ils perdent leur droit à la réserve. Il suit de là que la présence des frères et sœurs qui n'ont pas de réserve empêchent les ascendants de prendre celle qu'ils ont. Ici une question importante a été soulevée. Supposez le cas où le défunt laisse après lui des frères ou sœurs et des ascendants autres que les père et mère : le défunt a institué un légataire universel ; les frères et sœurs ne viennent donc pas à la succession. Les ascendants peuvent-ils demander leur réserve au légataire, et lui dire : « Nous avons été exclus de la réserve en considération des frè-

res et sœurs ; il n'y avait pas grand inconvénient pour nous à
être exclus de la réserve par les frères et sœurs du défunt ; puisque ceux-ci étaient aussi nos descendants , nous aurions toujours eu contr'eux l'action alimentaire. Si la succession passe à un
étranger, les personnes en faveur desquelles nous étions dépouillés ,
sont dépouillées elles-mêmes; il n'y a donc plus de raison pour nous
dépouiller *cessante causâ legis cessat lex.* » La jurisprudence repousse
généralement ce système qui nous semble néanmoins fondé en raison
et en droit. Nous nous résumons en disant que, selon nous, les ascendants autres que les père et mère ne perdent **pas** leur droit par
le seul fait de la présence des frères et sœurs ou descendants d'eux; il
faut pour cela que les frères et sœurs viennent à la succession.

L'adoptant n'a pas droit à la réserve, puisque, ainsi que nous l'a-
vons dit, ce droit suppose la qualité de successible , et l'adoptant ne
succède pas à l'adopté ; il ne peut qu'exercer le droit de retour
mentionné dans l'art. 351.

A défaut d'ascendants et de descendants, dit l'art. 916, les libéralités par acte entre-vifs ou testamentaires, pourront épuiser la tota-
lité des biens. Ici vient se placer la question de savoir si le droit que
la loi accorde à l'enfant naturel sur les biens de ses père et mère, ne
constitue pas une réserve. Cette question a produit en doctrine et
en jurisprudence, des dissidences profondes. Nous ne pourrions sans
sortir des limites de ce travail , exposer les nombreux systèmes qui
ont été présentés à ce sujet ; nous pensons, quant à nous, que l'enfant
naturel n'a pas de réserve ; nous basons cette opinion sur le texte
formel de l'art. 913 combiné avec l'art. 338. L'art. 913 dit : «....S'il
ne laisse à son décès qu'un enfant *légitime....*» L'art. 338 déclare
que l'enfant naturel reconnu ne pourra réclamer les droits d'enfant
légitime. Ainsi, d'un côté, la loi fait de la réserve l'apanage de l'enfant légitime ; de l'autre , elle déclare que l'enfant naturel ne peut
exercer les droits d'enfant légitime ; donc l'enfant naturel n'a pas
de réserve. Rapprochez maintenant de ces textes l'art. 756 qui dé-

clare que les enfants naturels ne sont pas héritiers , c'est-à-dire qu'ils n'ont pas sur les biens de leurs père et mère ce droit de copropriété *(herus*, maître), d'où découle la réserve. A ces arguments, puisés dans les textes, joignons cette nécessité pour l'Etat de maintenir une barrière infranchissable entre l'enfant naturel et l'enfant légitime. Impuissante à atteindre le concubinage en lui-même, la loi est obligée de le frapper dans ses résultats.

Des avantages faits à un successible et de leur imputation sur la portion disponible ou la réserve.

Lorsqu'un successible a été gratifié, les effets de ce ces libéralités varient suivant que le gratifié est ou non dispensé de rapporter ce qu'il a reçu à la succession. La quotité disponible peut être donnée en tout ou en partie , soit par donation, soit par testament, aux enfants ou autres successibles du donateur, sans être sujet au rapport par le donataire ou légataire venant à la succession , pourvu que la disposition ait été faite *expressément* à titre de préciput ou hors part. Cette déclaration doit être faite ou dans l'acte lui-même , ou postérieurement, dans la forme des dispositions entre-vifs ou testamentaires (919). Ainsi, pour que le successible avantagé soit dispensé du rapport , il faut qu'il ait été gratifié expressément à titre de préciput. Toutefois, la loi consacre dans l'art. 918 un préciput tacite ; si l'ascendant a vendu une propriété à son successible en se réservant une rente annuelle ou un droit d'usufruit, la loi suppose qu'il a voulu cacher, sous l'apparence d'une pareille vente , un don qu'il fesait avec l'intention de dispenser du rapport. Ce don sera donc imputé sur la quotité disponible.

Nous trouvons encore trois autres cas de préciput tacite, dans les articles 847, 848 et 849.

Si le successible demeure en même temps héritier et donataire ou légataire sans dispense du rapport, il doit remettre à la masse de la succession l'avantage qu'il a reçu, lors même qu'au moment de la donation il n'était pas héritier présomptif du donateur (845-

846). — Si l'héritier renonce à l'avantage qui lui a été fait, pour s'en tenir à sa qualité d'héritier, il n'a plus que les droits d'un héritier, il en prend les obligations relativement aux dettes et charges. S'il n'y a pas d'autres dispositions, la succession se partage *ab intestat* entre tous les héritiers. — Si l'héritier renonce à la succession pour s'en tenir à son avantage, il peut, d'après l'article 845, retenir le don entre-vifs, ou réclamer le legs à lui fait, *jusqu'à concurrence de la quotité disponible*. Cette dernière hypothèse, a soulevé une des plus graves questions de la matière. C'est celle de savoir si l'héritier renonçant peut retenir, outre la quotité disponible, sa part dans la réserve, en d'autres termes, s'il peut cumuler l'une et l'autre. Les auteurs et la jurisprudence repoussent généralement le cumul. Nous pensons, en effet, que le cumul serait contraire à une saine interprétation de la loi.—Si la disposition au profit du successible est faite par préciput ou avec dispense de rapport, l'imputation d'un tel don ne peut plus évidemment se faire sur la réserve de l'héritier donataire, lorsqu'il accepte la succession, mais seulement sur la quotité disponible.

De la masse à former pour déterminer la portion disponible.

Pour réduire les libéralités excessives on forme d'abord une masse de tous les biens existants au décès du donateur ou du testateur. On y réunit fictivement ceux dont il a été disposé par donations entre-vifs, d'après leur état à l'époque des donations et leur valeur au décès du donateur. On calcule sur tous les biens, après en avoir déduit les dettes, quelle est, eu égard à la qualité des héritiers qu'il laisse, la quotité dont il a pu disposer (922). Fallait-il comprendre dans la réunion fictive des biens précédemment donnés, ceux donnés en *avancement d'hoirie ?* Après de longues et vives controverses, la jurisprudence adopte aujourd'hui l'affirmative.

Pour parvenir à la formation de la masse propre à déterminer la quotité disponible, l'art. 922 déclare qu'on doit estimer les biens d'après leur état à l'époque de la donation, et d'après leur valeur au temps du décès. De là il suit : 1° que les détériorations provenant du fait du donataire, restent à sa charge (863) ; 2° qu'il doit lui être tenu compte des améliorations qu'il a faites. (864.) Mais si, par des circonstances indépendantes du fait du donataire, les objets ont augmenté ou diminué de valeur, on ne les porte à la masse que pour la valeur qu'ils ont au moment de l'ouverture de la succession.

Enfin, après avoir ordonné la réunion fictive des biens donnés aux biens existants, l'art. 922 ajoute que l'on calcule la quotité disponible sur tous ces biens, après en avoir déduit les dettes; *non intelliguntur bona nisi deducto ære alieno*. L'art. 922 ne parle que des dettes, mais on doit comprendre aussi dans le passif à déduire les frais funéraires, les frais de scellés, d'inventaires, etc.

Le rapport est dû de ce qui a été employé pour l'établissement d'un des cohéritiers ou pour le paiement de ses dettes ; les frais de nourriture, d'entretien, d'éducation, d'apprentissage , les frais ordinaires d'équipement, ceux de noces et présents d'usage, ne doivent pas être rapportés (851-852).

Ainsi, il est nécessaire de bien distinguer les frais d'établissement des frais d'éducation : les uns sont sujets à rapport , les autres ne le sont pas. Ce n'est, au reste, qu'une question de fait. Un homme donne une dot à sa fille en la mariant, achète à son fils un fonds de commerce, un office ; voilà des frais d'établissement. Le père n'était pas obligé de les faire.

Il n'est pas dû de rapport pour les associations faites sans fraude entre le défunt et l'un de ses héritiers, lorsque les conditions en ont été réglées par un acte authentique (854).

L'association serait frauduleuse si le défunt , par exemple , avait associé un de ses héritiers dans son commerce, en supposant faussement qu'il y avait fourni des fonds, ou bien encore si, par un acte antidaté, il le supposait associé à une entreprise déjà achevée et ayant produit des bénéfices. — L'immeuble qui a péri par cas fortuit et sans la faute du donataire, n'est pas sujet à rapport (855).

De la réduction des dons et legs excédant la quotité disponible.

Les dispositions soit entre-vifs , soit à cause de mort, qui excédent la quotité disponible, sont réductibles à cette quotité lors de l'ouverture de la succession , la réduction ne peut être demandée que par les réservateurs , leurs héritiers ou ayant cause ; les donataires, les légataires, ni les créanciers du défunt ne pourront demander la réduction ni en profiter (920-921). L'art. 921 disant que les créanciers ne pourront profiter de la réduction , il en résulte que les créanciers chirographaires ne peuvent exercer leurs droits sur les biens que la réduction fait rentrer dans les mains du légitimaire. Cependant les créanciers peuvent indirectement profiter de la réduction si l'héritier à réserve accepte la succession purement et simplement ; les créanciers de l'hérédité deviennent en même temps ses créanciers personnels ; dans cette dernière qualité , ils ont des droits sur l'objet retranché de la donation ; l'héritier doit donc accepter sous bénéfice d'inventaire, s'il veut que les créanciers ne s'emparent pas de la réserve.

En ce qui touche les dispositions testamentaires, il faut remarquer quelles ne seraient point sujettes à réductions, mais caduques, si la valeur des donations entre-vifs excédait ou égalait la quotité disponible. Il y a lieu à la réduction des dispositions testamentaires lorsquelles excèdent soit la quotité disponible, soit la portion de cette quotité qui resterait après avoir déduit la valeur des donations entre-vifs; la réduction se fait au marc le franc, sans aucune distinction entre les legs universels et les legs particuliers. Peu importe que les legs aient été faits à différentes époques, tous ne produisent des droits qu'à compter du décès du testateur, et ils n'ont ainsi qu'une même date aux yeux de la loi.

Néanmoins, dans tous les cas où le testateur aura expressément déclaré qu'il entend que tel legs soit acquitté de préférence aux autres, cette préférence aura lieu, et le legs ne sera réduit qu'autant que la valeur des autres ne remplirait pas la réserve légale (925, 926, 927).

Quant à la réduction des dispositions entre-vifs, l'art. 925 déclare qu'il n'y aura jamais lieu à réduire les donations entre-vifs, qu'après avoir épuisé la valeur de tous les biens compris dans les dispositions testamentaires ; la réduction se fera en commençant par la dernière donation, et ainsi de suite en remontant des dernières aux plus anciennes. — Toute disposition à titre gratuit, même indirecte, ou déguisée sous la forme d'un contrat onéreux, est susceptible de réduction.

Bien que l'art. 923 ne parle en termes exprès que des donations entre-vifs, il n'est pas moins vrai qu'on doit mettre sur la même ligne les dispositions dont l'effet est renvoyé au décès du donateur, et qui sont autorisées seulement dans les contrats de mariage, ou pendant le mariage, savoir ; les institutions contractruelles, les donations de biens à venir, les dons entre époux.

Quid des donations faites le même jour par des actes différents ? M. Duranton prétend qu'on devra considérer la différence des heures pour résoudre la question d'antériorité.

Quels sont les effets de l'action en réduction ? le donateur restitue les fruits de ce qui excède la quotité disponible à compter du jour du décès du donateur, si la demande en réduction a été faite dans l'année, sinon du jour de la demande (928). Les immeubles à recouvrer par l'effet de la réduction le seront sans charges de dettes ou hypothèques créées par le donataire (929). Les hypothèques créées par l'acquéreur sont également résolubles ; cependant, si la donation avait été déguisée sous la forme d'un contrat onéreux, les tiers de bonne foi auxquels l'acquéreur aurait consenti hypothèque se présenteraient avec plus de faveur. Ils n'ont pu soupçonner la condition résolutoire, puisque, à leurs yeux, le titre du débiteur était une vente. Dans un tel cas, la cour de cassation a décidé que l'art. 929 n'était pas applicable.

Aux termes de l'article 930, les héritiers peuvent revendiquer les biens donnés jusque dans les mains des tiers acquéreurs ; mais pour ménager autant que possible les droits des tiers qui ont acquis de bonne foi, et ne pas exposer les donataires à des actions en garantie de la part des acquéreurs, on ne pourra revendiquer les immeubles qu'après avoir discuté les biens des donataires eux-mêmes.

Code de Procédure.

—

LIV. II. TIT. XIX.,

Des règlements de juges.

Le règlement de juges est défini de la manière suivante : la décision par laquelle une autorité judiciaire supérieure déclare laquelle de deux ou plusieurs autorités qui lui sont subordonnées doit connaître d'une contestation dont elles se trouvent simultanément saisies.

Il y a donc lieu à règlement de juges toutes les fois qu'il y a conflit, soit entre des juridictions d'un ordre différent, soit entre des juridictions du même ordre. Nous n'avons à nous occuper ici que du cas dans lequel le conflit existe entre des juridictions appartenant également à l'ordre judiciaire. Tout conflit de juridiction est positif ou négatif. Quand deux ou plusieurs tribunaux retiennent également la connaissance d'un affaire, il est positif ; il est négatif, quand ils refusent d'en connaître. C'est au premier de ces conflits que s'appliquent les dispositions du Code de procédure.

§ Ier.

Dans quel cas il y a lieu à règlement de juges.

Il y a lieu à règlement de juges dans les trois cas suivants : 1o dans le cas de litispendance. Il y a litispendance, lorsque le même différend est pendant devant deux ou plusieurs tribunaux. Si l'un de ces tribunaux est incompétent, il y a lieu de proposer l'exception déclinatoire pour cause d'incompétence ; on peut alors demander le renvoi pour cause de litispendance devant le premier tribunal saisi. Dans ces deux cas, au lieu de prendre la voie du déclinatoire, on peut prendre celle du règlement de juges. Le renvoi et le règlement de juges sont deux voies distinctes, mais qui tendent au même but.

2° Le deuxième cas qui donne lieu au règlement de juges, c'est la connexité. Il y a connexité, lorsque deux affaires, sans être absolument les mêmes, ont entr'elles une telle liaison, que l'une ne peut être jugée sans influer sur l'autre. La connexité, comme la litispendance, tend à prévenir des contrariétés de décision et à épargner des frais aux parties ; dès-lors, cette cause doit également pouvoir donner lieu au règlement de juges.

3° Le troisième cas qui donne lieu à un règlement de juges, c'est le cas du conflit relatif. Lorsque deux tribunaux repoussent également la connaissance d'une affaire, on peut se pourvoir par règlement de juges, mais il faut qu'un de ces tribunaux soit véritablement le seul compétent. Toutes les règles de l'art. 363 sont applicables au conflit négatif.

§ II.

Où doit être porté le règlement de juges.

En principe le règlement de juges doit être porté devant le tribunal supérieur qui exerce la suprématie la plus prochaine, sur chacune des juridictions saisies. L'article 363 indique quels sont les tribunaux qui doivent connaître de la demande : « Si un différend est porté à deux ou plusieurs tribunaux de paix, ressortissant du même tribunal, le règlement de juges sera porté à ce tribunal. Si les tribunaux de paix relèvent de tribunaux différents, le règlement de juges sera porté à la cour royale. Si ces tribunaux ne ressortissent pas de la même cour royale, le règlement sera porté à la cour de cassation. Si un différend est porté à deux à ou plusieurs tribunaux de première instance ressortissant de la même cour royale, le règlement de juges sera porté à cette cour. Il sera porté à la cour de cassation, si les tribunaux ne ressortissent pas tous de la même cour royale, ou si le conflit existe entre une ou plusieurs cours. »

Cette disposition doit aussi régir le cas où le conflit existe entre deux tribunaux de commerce, ou entre un tribunal de commerce et un tribunal civil ; le règlement de juges doit être porté à la cour royale où à la cour de cassation, suivant que les deux tribunaux saisis sont du ressort de la même cour royale, ou du ressort de diverses cours. Si le différend est pendant devant des tribunaux d'inégal degré, nous pensons qu'il y aura lieu également à règlement de juges.

§ III.

De quelle manière la demande en règlement de juges est formée et instruite.

Sur le vu des demandes formées dans différents tribunaux, il sera rendu, sur requête, jugement portant permission d'assigner en règlement, et les juges pourront ordonner qu'il sera sursis à toutes les procédures dans lesdits tribunaux (364). La demande en règlement de juges est d'abord formée par une requête que le demandeur présente au tribunal ou à la cour qui doit connaître du conflit. Cette requête, si elle est admise, est répondue par un jugement portant permission d'assigner.

Quand les juges entrevoient que la demande est sérieuse, le jugement qui intervient peut ordonner qu'il sera sursis à toutes poursuites et procédures, tant sur l'une que sur l'autre des demandes en conflit.

Le tribunal peut refuser la permission d'assigner, s'il reconnaît que la demande en règlement n'est qu'une vaine contestation. De même aussi lorsque les juges sont incertains sur le sursis et qu'ils craignent qu'il n'y ait péril à l'ordonner, ils peuvent permettre d'assigner à bref délai pour statuer sur ce point. Le demandeur, porte l'art. 365, signifiera le jugement et assignera les parties au domicile de leurs avoués. Lorsqu'il n'y a pas d'avoués, ce qui arrive dans les justices-de-paix et les tribunaux de commerce, la signification et l'assignation sont données au domicile des parties. La signification qui serait faite au domicile réel au lieu de l'être au domicile de l'avoué, serait valable. Le délai pour signifier le jugement et pour assigner sera de quinzaine, à compter du jour du jugement.

Le délai pour comparaître, sera celui des ajournements, en comptant les distances d'après le domicile respectif des avoués. Le délai de quinzaine, pour assigner en règlement, n'est pas susceptible d'augmentation à raison des distances ; ce délai semble, en effet, suffisant pour signifier le jugement dans le ressort du tribunal ou de la cour qui l'a rendu.

Si le demandeur n'a pas assigné dans le délai ci-dessus, il demeurera déchu du règlement de juges, sans qu'il soit besoin de le faire ordonner, et les poursuites pourront être continuées devant le tribunal saisi par le défendeur en règlement.

Le demandeur, dans ce cas, est censé renoncer à sa demande ; cette déchéance a lieu de plein droit ; ainsi, le défendeur en règlement peut, sans avoir besoin de la faire ~~continuer~~ *ordonner*, ~~combiner~~ *continuer* ses poursuites devant le tribunal qu'il a saisi.

Le demandeur qui succombera pourra être condamné aux dommages-intérêts envers les autres parties (367). Si le tribunal devant lequel les parties sont renvoyées, est celui que le demandeur prétendait avoir pour juge, le défendeur doit, comme toute partie qui succombe, être condamné aux dépens. Lorsque c'est le demandeur en règlement qui succombe, il peut, outre les dépens, être condamné aux dommages-intérêts envers les autres parties pour le tort qu'a causé l'instance en règlement, en retardant le jugement de l'instance principale.

Quelles sont les voies ouvertes contre le jugement qui statue sur la demande en règlement de juges ? La loi n'a établi à cet égard aucune règle spéciale, d'où l'on doit conclure que les principes généraux doivent conserver leur empire.

Droit Commercial.

—

DES ASSURANCES.

Quelques auteurs pensant qu'une institution n'a du mérite que lorsque son origine est très ancienne, ont voulu faire remonter le contrat d'assurance aux époques les plus reculées. Nous ferons observer que les anciens peuples se livraient exclusivement au commerce des côtes, et la commandite leur suffisait pour atteindre ce but ; les opérations commerciales étaient centralisées dans quelques villes. Chaque négociant avait plusieurs vaisseaux, ils réalisaient des bénéfices énormes ; aussi étaient-ils eux-mêmes leurs propres assureurs. Il y avait bien dans l'antiquité des conventions qui, d'après l'usage du commerce, avaient quelque affinité avec notre contrat d'assurance, tel que nous l'envisageons aujourd'hui, c'est-à-dire ayant la prise du risque comme objet principal ; mais la prise du risque, alors, n'était qu'une stipulation accessoire, une modification apposée à la nature de certains contrats. Ainsi, lorsqu'on achetait des marchandises, on stipulait souvent qu'elles seraient transportées dans un autre port, avec convention que la perte serait à la charge du vendeur jusqu'à la livraison dans le port indiqué. Cette clause accessoire n'était qu'une modification du contrat de vente, mais ne constituait point une assurance.

Ce dernier contrat n'apparaît, d'une manière certaine, que vers le quinzième siècle. Alors les voyages lointains se multiplient, le commerce se développe et trouve un aliment considérable dans les richesses du nouveau monde ; néanmoins, la concurrence est si grande, les bénéfices sont si petits et les naufragés si nombreux, au milieu de ces mers nouvelles et inconnues, que la nécessité de se prémunir contre les dangers de la navigation donne lieu au contrat d'assurance. L'idée première appartient aux Italiens ; elle fut d'abord formulée par les Espagnols, qui, à leur tour, l'importèrent dans les Pays-Bas.

L'assurance est une convention par laquelle un des contractants s'oblige envers l'autre, moyennant un prix convenu, à réparer, si faire se peut, les dommages qu'éprouvent sur mer les choses exposées aux dangers de la navigation.

L'assurance a pour but principal la prise d'un risque.

Trois conditions sont nécessaires à l'existence du contrat d'assurance : Il faut qu'il y ait des objets assurés, des risques à courir, un prix de ces risques.

Examinons quelles sont les choses qui peuvent faire l'objet du contrat d'assurance.

De l'objet de l'assurance.

En principe : peuvent être assurées toutes choses appréciables en argent, exposées aux risques de la navigation. Ces risques sont énumérés dans l'art. 350.

Pour que l'assurance soit valable, il faut que l'assuré justifie d'un intérêt direct ou indirect à la conservation de la chose.

Sont susceptibles d'être assurés, la vie des hommes, la liberté, le vaisseau, les sommes prêtées à la grosse, les marchandises, le danger pour l'assureur et la prime.

La vie des hommes.—Cette décision est reçue sans difficulté, lorsque l'homme est considéré comme une chose ; tels sont les esclaves. Mais un homme libre peut-il faire assurer sa vie ? Oui, car il a pour cela un intérêt appréciable en argent, ce n'est pas la vie qui est assurée; mais bien le bénéfice qu'on a lieu d'espérer de sa prolongation.

La liberté.—Les auteurs qui se sont prononcés contre l'assurance de la vie, reconnaissent la validité de l'assurance sur la liberté. Comme la vie, ce n'est pas la liberté elle-même qui est appréciable en argent, mais bien la perte de la liberté.

L'on peut assurer la liberté *per aversionem*, c'est-à-dire que l'assureur sera tenu indéfiniment du rachat de l'assuré, quelle que soit la rançon exigée; ou bien l'assurance peut être faite de manière que l'assureur ne soit tenu que jusqu'à concurrence d'une somme déterminée.

Dans le premier cas, l'assureur sera tenu indéfiniment quelle que soit l'exigence du pirate. Mais si le pirate ne voulait à aucun prix accorder la liberté au captif, la compagnie serait dégagée, *impossibilium nulla est obligatio.* L'assuré n'en devrait pas moins la prime. Si la compagnie ne pouvait opérer le rachat du captif par sa faute, si, par exemple, elle était tombée en faillite, l'assuré ne serait pas alors redevable de la prime.

La prime est donnée pour la prise du risque et non pour la réparation du dommage.

Dans le second cas, lorsque l'assurance est faite jusqu'à concurrence d'une somme déterminée, l'assureur n'est pas tenu de racheter le captif, si le prix est supérieur à celui convenu; mais alors la prime ne lui est pas due. Elle lui est due si, malgré ses efforts, il ne peut libérer le captif; il en est de même s'il obtient le rachat à un prix inférieur à celui stipulé dans le contrat.

Le vaisseau.—Le vaisseau est le premier des objets maritimes soumis à l'assurance. L'assurance du vaisseau comprend tacitement celle de tous les accessoires, tels que les agrès, victuailles; quant à l'armement nécessaire pour atteindre un but particulier, il doit être assuré par une stipulation expresse. Le propriétaire peut faire assurer son vaisseau d'après la valeur au moment du départ, sans être tenu de déduire, par appréciation, la différence du vieux au neuf. Le montant des emprunts à la grosse doit être retranché de la valeur totale de l'assurance; mais les créances privilégiées qui grèvent le vaisseau ne sont point retranchées, car leur existence ne dépend pas de l'existence du vaisseau. Notre législation a prescrit l'assurance des gages des gens de mer, et l'assurance du prêt à faire, tandis qu'elle permet celle du prêt acquis par une ordonnance du 7 août 1779.

Les sommes prêtées à la grosse. — On peut assurer le prêt à la grosse; toutefois, ce n'est pas réellement le prêt que l'on assure, mais la part du navire qui correspond à la valeur de ce prêt.

Le prêteur en faisant assurer l'argent qu'il a prêté à la grosse, ne peut cependant se ménager par ce moyen un gain usuraire.

L'emprunteur ne peut se rendre assureur du prêteur.

Les marchandises. — L'assurance faite sur le chargement porte sur toutes les marchandises que renferme le navire, pourvu qu'il y ait une facture ou connaissement. Mais elle peut aussi ne porter que sur une classe spéciale ou une qualité déterminée des marchandises.

Dans tous les cas, le chiffre le plus élevé de la valeur des charges ne peut excéder, en ce qui touche les rapports de l'assuré avec l'assureur : 1° La valeur réelle au moment de la prise du risque ; 2° Tous les accessoires ajoutés à cette valeur pour la livrer aux dangers de la navigation.

Le danger pour l'assureur. — L'assureur peut chez tous les peuples, les Anglais exceptés, se faire assurer contre les risques qu'il a pris à sa charge; il ne doit pas même déduire, du montant de l'assurance, la valeur de la prime qui lui a été comptée à lui-même.

Mais une telle réassurance ne pourrait intervenir entre l'assuré et l'assureur, car elle entraînerait la dissolution du premier contrat.

La prime — Celui qui a fait assurer des marchandises ne peut plus les faire réassurer, parce qu'à leur égard, il ne court plus aucun risque. Mais il court encore des risques relativement à la prime, car la prime est un nouveau déboursé qui ajoute à la valeur des marchandises. Elle peut donc être assurée. Dans la pratique, on déclare que l'assurance comprend la prime et la prime de la prime. Cette nouvelle assurance peut être faite par l'assureur principal ; de sorte que, si les marchandises périssent, l'assureur doit rendre toute la valeur sans aucune rétribution ; mais aussi, dans le cas où elles arrivent à bon port, on lui doit à titre de prime, des primes à l'infini.

Droit Administratif.

—

Dans quels cas l'autorité judiciaire est-elle compétente pour appliquer ou faire exécuter des actes administratifs ou des décisions administratives ?

L'autorité administrative et l'autorité judiciaire sont indépendantes l'une de l'autre. La loi du 24 août 1790 a proclamé l'indépendance réciproque entre le pouvoir exécutif et le pouvoir judiciaire. Il est essentiel que ces deux grands pouvoirs marchent séparément.

Une matière peut être administrative ou judiciaire, ou administrative et judiciaire en même temps ; la difficulté consiste à reconnaître son véritable caractère.

Posons d'abord le principe de M. Chauveau, que lorsque les actes administratifs doivent être appliqués ou exécutés par des moyens de droit commun, l'autorité judiciaire est compétente.

L'autorité judiciaire ne peut jamais connaître de l'application ou de l'exécution des actes administratifs par des voies administratives. Elle ne peut jamais évoquer les contestations portées incompétemment devant l'autorité administrative, ni élever un conflit ; elle ne peut jamais réformer les règlements ou actes de l'administration, ni en suspendre les effets. Tout ce qu'elle peut, c'est de connaître les questions de droit privé qui ne peuvent être résolues que par des moyens de droit civil.

Mais l'autorité judiciaire connaîtra, après un règlement d'eau, par exemple, de l'exécution de ce règlement entre deux particuliers, lorsqu'il s'agira d'en faire l'application par des moyens puisés dans le droit commun ; elle statuera sur la manière de s'y conformer, elle connaîtra du dommage qui peut résulter pour l'un ou pour l'autre de l'inexécution du règlement. Car si l'administration a le droit de faire des concessions, elle ne peut, du moins, léser les droits des tiers. Aussi, toutes les fois que des particuliers éprouveront un dommage matériel, par suite de l'établissement d'une usine, de la construction de digues, barrages ou autres ouvrages quelconques sur des cours d'eau navigables ou non navigables, la réparation de ce dommage sera de la compétence des tribunaux.

L'autorité judiciaire connaîtra aussi de l'exécution d'un acte administratif permettant l'élévation d'un barrage, lorsque ce barrage doit être appuyé sur une propriété privée. Car l'administration qui autorise ce barrage ne peut autoriser à l'appuyer sur la propriété riveraine. Il faut donc le consentement du propriétaire, et s'il s'élève des contestations, l'autorité judiciaire sera compétente.

L'autorité judiciaire connaîtra de l'application d'une convention diplomatique, lorsque de cette convention il résulte, au profit d'individus, un droit auquel l'Etat se déclare complétement étranger ; ou bien encore lorsque l'Etat n'est engagé dans la discussion que comme propriétaire et non comme unité nationale.

Par suite d'un *déclassement* qui se justifie par des raisons politiques d'une haute gravité, la validité des ventes de biens nationaux, la déclaration du contenu de ces ventes, etc., ont été attribuées à l'autorité administrative.

Mais on a réservé aux tribunaux civils le droit de juger les questions de servitude, de prescription, etc. ; enfin toutes celles qui peuvent être résolues par les moyens du droit commun.

L'autorité administrative ne peut pas connaître de l'exécution de ses décisions par des moyens de droit commun ; cette exécution appartient entièrement à l'autorité judiciaire. M. Serrigny, et nous ne sommes pas de son avis, pose en principe que l'autorité administrative ne peut connaître de l'exécution de ses décisions, mais que cette règle générale cesse d'avoir son application toutes les fois que les mesures d'exécution rentrent dans sa compétence. Quelles sont alors les mesures d'exécution qui rentrent dans la compétence administrative? Voilà la difficulté.

L'autorité administrative peut cependant connaître de l'exécution de ses décisions dans les cas ordinaires ; elle ne devient incompétente qu'autant que cette exécution soulève des questions qui ne peuvent être résolues que par des moyens de droit civil.

Ainsi l'autorité judiciaire connaîtra :

1° De l'opposition à la contrainte par corps par suite d'un débet de comptable fondée sur le bénéfice d'âge. Cependant si l'opposition à la contrainte avait pour cause l'appréciation de la contrainte en elle-même, elle ne pourrait à part être jugée que par l'autorité administrative.

2° Des contestations sur la validité des contraintes, commandements, saisies et autres actes de poursuites ou recouvrement de contributions directes.

L'art. 19 du règlement du 26 août 1824, porte : « Les réclamations concernant la perception des contributions directes, et les poursuites auxquelles cette perception donne lieu, sont du ressort de l'autorité administrative. » Cet article semble donner aux tribunaux administratifs une compétence pleine et absolue dans la matière des contributions directes. Il faut distinguer les poursuites qui se font par la

voie administrative et les poursuites qui se font par la voie judiciaire. Tous les actes qui précèdent le commandement sont de la
compétence administrative ; ceux qui suivent le commandement ap-
partiennent à l'autorité judiciaire , s'ils sont argués de nullité pour
vice de forme ou pour tout autre motif puisé dans le droit commun,
s'il faut prononcer sur le fonds , l'autorité administrative est seule
compétente.

Il est inutile sans doute de multiplier les exemples. Rappelons en
finissant le principe de M. Chauveau, à l'aide duquel s'applanissent
toutes les difficultés. Et disons que les tribunaux administratifs ne
peuvent connaître des difficultés qui s'élèvent sur l'exécution de leurs
décisions et sur l'application de leurs actions , par des moyens de
droit commun; que, dans ces cas, les tribunaux judiciaires sont seuls
compétents.

Vu par le l'résident de la Thèse,

CHAUVEAU-ADOLPHE.